83124509R00059

Made in the USA
Columbia, SC
10 December 2017